みんなが主役！ 学校レクリエーション大百科 ①

学級・学校生活を楽しもう

学校生活って何だろう……………………………………… 4
学級目標（がっきゅうもくひょう）をめざして……………………………………………… 6

朝の会、帰りの会　　　　　　　　　　　　7

出席（しゅっせき）リレー…………………………………………………… 8
友だちクイズ………………………………………………… 10
サイコロスピーチ…………………………………………… 12
今日（きょう）のキラキラさん（いいところみつけ）……… 14
今日（きょう）のできごとカレンダー………………………………… 16
さよならじゃんけん………………………………………… 18
クイズ・なぞなぞ…………………………………………… 20

休み時間　　　　　　　　　　　　　　　21

ドンじゃんけん……………………………………………… 22
中線（ちゅうせん）ふみ……………………………………………………… 24
Ｓ（エス）けん………………………………………………………… 26
ろくむし……………………………………………………… 28

係活動　29

- 手紙係 …………………………………… 30
- イベント係 ……………………………… 32
- 学習係 …………………………………… 34
- プレゼント係 …………………………… 36
- 新聞係 …………………………………… 38
- 生きもの係 ……………………………… 40
- コラム　クラスの生活を見直して、新しい係をつくろう … 42

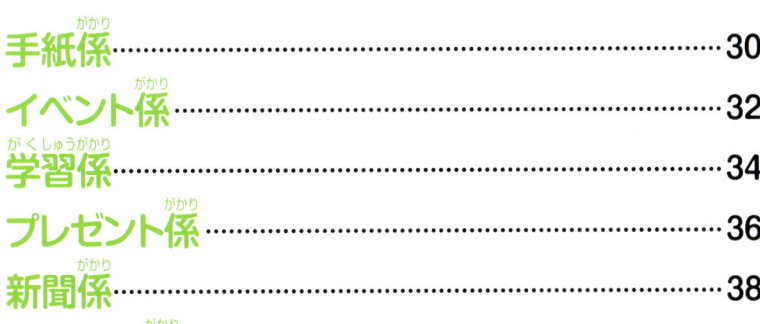

当番活動　43

- 給食当番 ………………………………… 44
- 掃除当番 ………………………………… 46

学校生活って何だろう

🖉 学校って、何をするところ

　学校って、何をするところだろう？　もちろん勉強をするところですが、それだけではありません。学校では、朝の会や帰りの会、係活動や当番活動、給食、休み時間、行事などがあり、これらをふくめて「学校生活」といいます。学校は、いろいろな学校生活をとおして学力をつけ、心とからだの成長をめざす学びの場なのです。

🖉 レクリエーションって何だろう

レクリエーションという言葉から、どんなことをおもいうかべますか？

- 歌やダンスのこと？
- ドッジボールやお楽しみ会のこと？
- フルーツバスケットやハンカチ落としなどのゲームのこと？
- バスの中でする遊びやキャンプファイヤーのこと？

　これらはすべて、レクリエーションです。では、このような活動は、何のためにするのでしょうか。

> **レクリエーションとは
> 生きる喜びづくりです。
> 今日や明日をもっと楽しくおもしろく
> つくりかえていくことでもあります。**

喜びを感じるのは、どんなとき？

- 自分のやりたいことができるとき
- 自分のアイデアや力がいかされるとき
- 自分の成長につながるとき

→ **みんなに喜んでもらえる**

　みんなで歌ったり、ゲームをしたり、遊んだりするのは、きっかけづくりのひとつです。楽しくおもしろいものには、みんなが積極的にかかわろうとするので、想像以上の力を発揮することもあります。そのため、レクリエーションを軸に、喜びを感じ、おたがいを大切にしあい、安心して自分の持ち味を発揮できるクラスや学校をつくっていくことが可能です。みんなが喜びを感じられる場をつくれるのが、レクリエーションなのです。

学校レクリエーションでめざすこと

学校のあらゆる場面で、一人ひとりが喜びを感じ、また、みんなに喜んでもらえる活動をしていくのが学校レクリエーションです。

遠足や運動会などの特別なイベントはもちろんですが、朝の会や帰りの会、休み時間や係活動、当番活動なども、もっと楽しく、おもしろいものにしていくことができます。学校レクリエーションの考え方をとりいれて、ちょっとした「遊び心」を発揮してみましょう。

たとえば毎朝とる出席は、リレー形式にするとゲーム感覚でもりあがれます（p.8）。友だちのいいところをみつけて発表する「いいところみつけ」は、クラスのみんなが仲よくなるきっかけをつくってくれます（p.14）。こんなふうに、一人ひとりが活発になることができ、友だちとも仲よくなって、たがいに認めあい、学校生活をいきいきとおくれるようになることが、学校レクリエーションのめざすところです。

学級目標を決めよう

クラスのみんなと、学校生活を楽しく過ごすために、4月になったら一年間の学級目標を決めましょう。どんなクラスにしたいか、また一年後はどんなクラスになっていたいか、みんなで話しあうことが大切です。そして、学校生活のいろいろな場面で、学級目標に近づけるような工夫をしてみましょう。

学級目標をたてるには、まずみんながめざしたい言葉を、いろいろとだしあってみましょう。「仲よし」「元気」「笑顔」「協力」「きずな」など、いくつか言葉がでてきたら、それらをいろいろと組み合わせてみます。

一年間、みんなでめざすものだから、学級目標はだれもがおぼえやすいものがいいですね。たとえば、次のようなものが考えられます。

★「いつも元気でみんな仲よし」
★「笑顔がみんなのきずなをつくる」
★「協力する心、元気な子」

学級目標をめざして

どんなクラスをめざすか

一人ひとりがバラバラに行動していては、まとまりのあるよいクラスにはなりません。みんなが、同じ目標をもって学校生活を過ごすためには、ちがう意見の人とも折りあいをつけていくことが大切です。

みんなで力をあわせて、ひとつのクラスをつくりあげていくために、学級目標があります。学校生活のいろいろな場面で、学級目標をおもいだしてみましょう。

この学級目標を、楽しく実行するために、いろいろなレクリエーションがあります。たとえば、「笑顔がみんなのきずなをつくる」という目標なら、クラスみんなが笑顔になれて、仲よくなれるようなアイデアを工夫してみましょう。朝の会から休み時間、給食、帰りの会まで、学級目標をめざしたレクリエーションで、みんなのなりたいクラスに近づいていけます。

学校生活に楽しいアイデアをたくさんとりいれよう

みんなで力をあわせるって、なかなかむずかしいことです。ですから毎日、少しずつでもいいので、学校生活の中に、「学校って楽しい、クラスって楽しい」とおもえるようなアイデアをとりいれましょう。

- 朝の会や帰りの会を楽しくするにはどうしたらいいか、アイデアをだしあう。
- クラスのチームワークが高まるような遊びを考える。
- クラスの友だち一人ひとりに興味がわいたり、親しくなれたりするアイデアを考える。
- 休み時間にみんなで遊べる工夫をする。
- いつも同じ遊びではなく、いろいろな遊びをとりいれる。
- 係活動や当番活動を、楽しくつづけられる工夫を考える。

レクリエーションで元気とチームワークを育てよう

学校生活のさまざまな場面に、学級目標にあったレクリエーションをとりいれることで、みんなで力をあわせることを学び、「学校って楽しい」「クラスって楽しい」とおもえる心がめばえます。

また、朝の会、帰りの会、休み時間、係活動や当番活動など、毎日おこなう時間や活動には、何か「楽しいこと」「新しいこと」をつけたしてみてはどうでしょう。「いつも同じでたいくつだな」「毎日の活動はめんどうだな」とおもうことも、新鮮な気持ちで、積極的にできるかもしれません。

レクリエーションは、ゲームや遊びばかりではありません。学習や給食、掃除など、学校生活のどんな場面にもとりいれることができます。この本では、朝の会、帰りの会（p.7～20）、休み時間（p.21～28）、係活動（p.29～42）、当番活動（p.43～47）に分けてレクリエーションのアイデアを紹介しています。

朝の会、帰りの会

みんなのクラスでは、朝の会と帰りの会で、どのようなことをしていますか。朝の会と帰りの会では、次のようなことが考えられます。

朝の会

- ★ あいさつ
- ★ 出席確認
- ★ スピーチやニュースの発表
- ★ お知らせ
- ★ 今日の目標
- ★ 先生からの話

帰りの会

- ★ お知らせ
- ★ よかったことの発表、友だちへの「ありがとう」をつたえる
- ★ 目標のふりかえり
- ★ 先生からの話
- ★ あいさつ

朝の会は、一日のはじまりに「今日も楽しく、がんばろう」という気持ちを高めるためにおこないます。出席の確認やお知らせのほか、「今日の目標」の確認もあります。また帰りの会は、「今日一日はどうだったかな」とふりかえるためにおこないます。どちらも、クラスがまとまっていくためには、大切な会です。でも、いつも同じようなことのくりかえしで、たいくつだな、とおもう人がいるかもしれませんね。

それなら、たとえば出席をとるとき、ゲームのようにリレー式にしたり、毎日ひとりずつ、好きなことをスピーチしたり、友だちのよいところを発表する時間をもうけたりと、ワクワクするアイデアを考えてみませんか。いつもの会に、レクリエーションをとりいれることで、みんなが積極的に参加するようになり、クラスのチームワークも高まるはずです。ここでは、そんなアイデアをいくつか紹介します。

| 朝の会、帰りの会 | クラスのみんなが、今日も元気で全員そろっているか、楽しく確認する |

出席リレー

| 教室 | 校庭 | 体育館 | どこでも |

人数 クラス全員
時間 30秒〜1分くらい
用具 なし

出席確認で名前をよばれたら「ハイ」と返事をします。
そして、リレーをするように次の子の名前をよんで出席をとっていきます。

進め方

日直や担任の先生などが、まず出席番号1番の人の名前をよぶ。

1番の人は「ハイ」と元気に返事をして、2番の人の名前をよぶ。

2番の人は……というようにつづけていく。

最後の人は最初の人の名前をよび、その人が「ハイ」と返事をすればゴール。

出席の確認は、毎朝欠かさずおこなうことです。でも、どうせするならゲーム感覚で楽しくしましょう。

名前をよぶ→返事をした人が次の人の名前をよぶ、というふうに全員でリレーしていきます。最後の人までできたら、最初の人の名前をよび、その人が返事をしたらゴールです。

出席確認が終わるまで何秒かかるか、タイムをはかるとみんなのやる気がでます。毎日記録をとって、ベストタイムをめざしましょう。

なれてきたら、次のようにいろいろなパターンでしてみましょう。

①**反対まわり**　出席番号の最後の人からはじまり、逆にまわっていきます。最初の人まできたら、最後の人をよんで返事をしたらゴールです。

②**途中から**　出席番号の途中からはじめます。たとえば30人のクラスで、17番の人からはじまり、18番、19番とつづいていったら、30番から1番へとつづきます。最後は16番が17番をよんで、返事をしたらゴールです。

③**反対まわりの途中から**　①と②をあわせて、途中の番号の人から反対の順番でまわっていきます。

④**よばれた人が、まわり方を決める**　日直や担任の先生などが最初の人をえらんで、いきなり「○○さん」とよびます。その人がまわり方（ふつうまわりか反対まわり）を決めて、次の人の名前をよび、その順番でリレーをはじめます。

⑤**最初の人が席順でかわっていく**　すわっている順番で、毎日、最初の人がかわっていきます。前まわりか後ろまわりかは、その人が決めます。

⑥**男女交互で**　男女交互に名前をよんでいきます。

⑦**お題を決める**　お題を決めると、クラスみんなのことを毎日、少しずつわかりあえます。たとえば「好きな食べもの」なら、次のようにまわっていきます。

「Aさん」
A:「はい！　りんごが好きです。Bさん！」
B:「はい！　いちごが好きです。Cさん！」
C:「はい！　みかんが好きです。Dさん！」
……とつづけます。

朝の会、帰りの会 ／ クイズを楽しみながら、友だちのことを知ることができる

友だちクイズ

| 教室 | 校庭 | 体育館 | どこでも |

人数 10人～クラス全員（2年生以上）
時間 3分くらい
用具 紙、えんぴつ

4月に新学期がスタートしたら、自己紹介カードを書きます。そのカードからヒントをだして、書いた友だちがだれかを当てるクイズをしてみましょう。

好きな教科は体育
好きな給食はカレ～
走るの大好き
この人だぁ～れ！

え～と
きっと
たぶん

10

4月は、ワクワク、ドキドキのクラス替えからはじまります。前の学年からそのまま同じクラスになった友だち、はじめて同じクラスになる友だち、みんな新しいクラスの仲間です。新しい友だち一人ひとりについて知るために、自己紹介カードを使ったクイズをしてみましょう。

まず、一人ひとりが自己紹介カードを書きます。内容は、好きな食べもの、好きな遊び、得意なことなど、自分を紹介することだったら何でもOKです。誕生日など、大きなヒントになるものも書いておきましょう。

全員が書き終わったら、自己紹介カードを集めてしばらくかべなどに掲示しておきます。1〜2週間後、カードをはずして束にします。朝の会で日直などがカードを1枚ずつひき、だれを紹介するか決めます。

紹介する人の名前はかくして「○○が得意です。」「好きな教科は○○です。」「好きな給食は○○です。」など3つヒントをだして、だれだか当ててもらいます。わからなかったときは、カードにないオリジナルヒントを出題者がだすのもいいでしょう。その人のいいところがつたわるヒントを考えるのも楽しいです。全員が紹介されるまで、毎日何人かずつつづけましょう。

進め方

あらかじめ、一人ひとりが、自己紹介カードを書いておく。

クラス委員などが、みんなが書いた自己紹介カードを集めて、しばらく掲示しておく。

朝の会で日直が紹介する人の自己紹介カードをひき、そのなかからクイズにする内容を3つえらぶ。

日直は3つのヒントを読みあげ、「この人、だあ〜れ！」と出題する。日直が「友だちクイズ」といって、みんなが「ジャジャン！」と合いの手をいれたりするともりあがる。
（3つのヒントの例：1. 給食が大好きです。2. 野球チームにはいっています。3. 3月が誕生日です。）

だれだかわかった人は手をあげて、日直に指名されてから答える。わからなかったときは、日直がヒントをくわえて、なるべく当てられるように工夫する。

ポイント制でする？

学級集会のゲームとして、全員ですることもできます。
グループ対抗にして、グループで相談して答え、ポイント制で勝負してもおもしろいでしょう。

朝の会、帰りの会　クラスの友だちの意外な一面を知ることができる

サイコロスピーチ

| 教室 | 校庭 | 体育館 | どこでも |

- 人数　クラス全員
- 時間　1〜3分くらい
- 用具　大きいサイコロ（工作用紙でつくってもよい）

朝の会で、日直がサイコロをふって表にでた面のテーマでスピーチをします。話す内容をサイコロでえらぶところが、もりあがります。

進め方

1

サイコロの6つの面に書くテーマを決める。テーマは、クラスみんなで話しあって決めるとよい。

2

サイコロの面に決めたテーマを書く。

3

「何がでるかな、何がでるかな♪」とみんなが歌った後に、サイコロをふる。

4

サイコロの表にでたテーマについて、日直がスピーチをする。

　朝の会でおこなうことが多いスピーチですが、サイコロスピーチにすることで話し手も聞き手も、ワクワクしながら進めることができます。サイコロに書くテーマは、「昨日やったこと」や「好きなこと」、「放課後に楽しみにしていること」など、さまざまな内容を考えて決めます。サイコロスピーチをすると、ふだんはわからない話し手の別の一面が見られるので、とても新鮮です。
　日直の当番が一周する間は、みんなが同じテーマ（サイコロ）でスピーチをしてもいいでしょう。なれないうちは、一言や二言など短いスピーチでもいいですが、なれてきたら自分の考えや感想などをいれたりして、話す時間を長くしてみましょう。高学年では、はじめから1分などと時間を決めておくといいでしょう。スピーチのあとに、質問コーナーをもうけてもおもしろいです。

ちょっとアレンジ　前日にサイコロをふる

　スピーチの内容をその場で思いつかないこともあります。そこで、前日の帰りの会でサイコロをふって、次の日の朝の会で発表するようにしても楽しめます。

| 朝の会、帰りの会 | 今日のがんばりやうれしかったことをおたがいにつたえあい、一日を気持ちよく終える |

今日のキラキラさん
（いいところみつけ）

教室 / 校庭 / 体育館 / どこでも

- 人数 クラス全員
- 時間 5分くらい
- 用具 小さな紙、えんぴつ

帰りの会で、友だちのいいところをみつけて発表します。今日、友だちががんばっていたことや、よかったことなどをつたえあいましょう。

進め方

1. 「いいところみつけ」をした人が手をあげ、日直が順番に当てていく。
2. その日気づいた友だちのいいところを大きな声で発表する。
3. 発表した人と発表された人両方に大きな拍手をおくる。

　帰りの会のひとつのコーナーです。友だちが、自分のことをほめたり認めたりしてくれるのはうれしいものです。そんな気持ちをクラス全体に広げましょう。その日、友だちががんばっていたこと、自分やだれかへのやさしい一面などを発表します。たとえば、「今日、○○さんが国語の時間にたくさん手をあげていました。」「○○さんがくばり係の仕事を手伝ってくれました。」などです。だんだん、人のいいところをみつけるのがじょうずになっていきます。

　発表になれてきたら、次のようなアレンジをしてみましょう。

①朝の会で出席番号の書いてあるくじをひいて、その日はその番号の人に注目。帰りの会でその人のいいところをいっぱい発表します。
②教室のかべや学級目標のまわりに、いいところみつけをした分だけ星のマークをつけていきます。星の数は、だれかがみつけた友だちのいいところの数と同じ。
③発表する人数がふえてくると、時間内に終わらないことがあります。教室に小さな紙をたくさん用意しておき、いいところをみつけたらこの紙に手紙を書きます。1枚に書けるのは、ひとりのいいところひとつだけですが、何枚書いてもOK。手紙は教室内の手紙入れ（ポスト）にいれます。担当の人（係、日直など）が「本日のNo.1」を決め、帰りの会で発表します。手紙に書いた場合は教室に貼ったり、相手の友だちにわたしたりします。紙に書くと何回も読むことができ、ほかの友だちのも見せてもらうことができます。

　クラスの学級目標にあわせて、いいところみつけのテーマを決めてもいいでしょう。目標にむかって一人ひとりが取り組む意識が大切です。

　また、発表した後、みんなでかけ声をかけると、気持ちがもりあがります。たとえば「今日○○さんが、鉄棒に何度も挑戦していました。」と発表したら、みんなで「トントン（拍子をとる）、キラキラィェーイ！」などと声をあげます。発表した人も、された人も、うれしさがますでしょう。

朝の会、帰りの会 　今日あったことを何でも記録して、みんなで思い出をつみあげよう

今日のできごとカレンダー

教室 ／ 校庭 ／ 体育館 ／ どこでも

人数 クラス全員
時間 帰りの会の1分
用具 模造紙大のカレンダー、フェルトペン

クラスのみんなが順番に、その日にあったできごとや楽しかったことを模造紙大のカレンダーに書いていきます。一年間つづけると、クラスの思い出カレンダーになります。

進め方

1

新学期がはじまったら、1か月分のカレンダーを用意して、クラスのみんなが見やすく、書きこみができる場所に掲示する。

2

日直の人などが、帰りの会までに、今日1日のできごとをおもいだして、カレンダーに書く。最後に自分の名前もわすれずに書く。

3

帰りの会で、カレンダーに書いたことを発表する。これを毎日くりかえす。

4月に新学期がスタートしたら、クラスのみんなで一年間の「今日のできごとカレンダー」をつくっていきます。一日をふりかえって楽しかったことやよかったこと、クラスのみんなで改善していきたいとおもったことなどをカレンダーに毎日書いていきます。たとえば日直の人がカレンダーに書くことにすると、みんなが順番に書けます。

カレンダーに書いたことは、その日の帰りの会で発表します。クラス全員がカレンダーに書かれた内容を知っていれば、課題などもみんなで考えることができます。

学期の終わりや一年間の終わりなどに、できごとカレンダーをふりかえってみましょう。このクラスでどんなできごとがあったのかおもいだすことができます。印象にのこっているできごとを発表して、みんなで思い出にひたるのもいいですね。

★学校の行事などを書く

クラスのみんながカレンダーをよく見るようにするために、学校の行事などを書きいれておきましょう。4月にくばられる学校の年間行事予定のなかから、大きな行事をカレンダーに書いておくと、次にどのような行事があるのか、クラスのみんなが興味をもってカレンダーを見ることができます。また、行事を考えて活動することもできます。話しあいで決まった集会の予定なども書きこめるようにしておくとさらに楽しみがまします。

一か月分を書きおえたら、担任の先生におねがいをして、カレンダーの写真を撮って印刷してもらい、クラス全員にくばります。こうして4月から翌年の3月まで12枚のカレンダーがたまれば、一年間のできごとカレンダーが、クラスみんなの思い出カレンダーになります。

クラスの解散が近づいたころに、教室や廊下いっぱいに貼りだすのもいいですね。

ちょっとアレンジ みんなの誕生日

クラスのみんなが誕生月ごとに集まって、自分の誕生日をカレンダーに記入します。こうすればクラス全員の誕生日を知ることができるし、友だちの誕生日をみんなが知ることで「おめでとう」とお祝いをいったり、プレゼントをわたしたりすることができます。

また、誕生月ごとに集まったグループでカレンダーの装飾をするのも楽しいです。季節ごとの絵をかいたり、折り紙を貼ったりしてもいいですね。

朝の会、帰りの会　元気に声をだしたり、じゃんけんをしたりして楽しい気持ちで一日を終える

さよならじゃんけん

| 教室 | 校庭 | 体育館 | どこでも |

人数　クラス全員
時間　1分くらい
用具　なし

一日の終わりを楽しくしめくくる、ちょっとしたゲームです。
さようならのあいさつをしたあとに、じゃんけんをすることで、クラスがぐんともりあがります。

18

進め方

1

「さようなら」のあいさつをする。

2

先生（または日直）が、「じゃんけんぽん」と声をかけて、みんなでじゃんけんをする。

3

先生（または日直）に勝った人から帰る。負けた人は再挑戦する。

「さようなら」のあいさつのあとに、じゃんけんをするというかんたんなゲームです。工夫すると、いろいろな方法でできます。

- 「あいこは負けよ（または「あいこも勝ちよ」）、じゃんけんぽん」という方法。
- 「勝ったら今日ラッキー、負けたら明日ラッキー、あいこは気があうね」という占いじゃんけんにする方法。

そのほかにも自分たちで工夫して、楽しいさよならじゃんけんをつくりましょう。

さらに楽しく！ からだを使ったじゃんけん

たとえば、グーは両腕を胸にひきつける、チョキは両腕を前にのばす、パーは両腕を上げて両足を開くなど、からだを使ったじゃんけんももりあがります。

朝の会、帰りの会　朝からワクワクもりあがって、一日をスタートできる

クイズ・なぞなぞ

教室　校庭　体育館　どこでも

人数 クラス全員
時間 3〜5分くらい
用具 なし（ミニホワイトボードがあると便利）

朝の会でクイズやなぞなぞをだして、クラスで気持ちをもりあげましょう。帰りの会で答えが発表されるまで、友だちどうしで話しあって楽しむこともできます。

進め方

1 朝の会で、クイズやなぞなぞの問題をだす。

2 朝の会でだした問題の答えを、帰りの会で発表する。

　朝の会は、スピーチやお知らせなど、大切なことをつたえるよい機会です。でもクイズやなぞなぞなど、楽しくもりあがることもいれて、気持ちを高めることもだいじです。「今日はどんな問題がでるのだろう」という期待感で、朝の会がもりあがります。問題がでることで、「ちゃんと聞こう」という気持ちにもなります。問題をだすのは、日直やクイズ係がいいでしょう。
　朝の会にだした問題の答えは、帰りの会で発表します。その間に友だちと問題の答えを話しあって、クラスの共通の話題にすることもできます。答えあわせがとても楽しみになるでしょう。

★いろいろな問題をだす

　クイズだけ、なぞなぞだけと限定すると、問題をだんだんだしづらくなります。交互にだすなどの工夫をしましょう。最初はクイズやなぞなぞの本から問題をえらび、なれてきたら自分たちでつくってみましょう。自分の身のまわりのこと（好きな食べものや趣味、出かけたことなど）を問題にすると、友だちに自分のことをわかってもらえます。学校のできごとを問題にすると、友だちどうしでもりあがります。歴史クイズなど、いま学習していることに関係する問題にすると、復習になります。担任の先生についての問題も楽しいですね。

さらに楽しく！　クイズコーナーをつくろう

　朝の会でだされた問題をわすれてしまうこともあります。また、絵や写真などを使って問題がだされることもあります。そのようなときのために、教室の中に「クイズコーナー」をつくって、クイズの問題を貼っておいたり、ミニホワイトボードに書いたりすると、見直すことができます。

休み時間

休み時間には、みんなが楽しみにしている「中休み」や「昼休み」のほか、「放課後」「大休み」「○○タイム」など、いろいろあります。よび方は学校や地方によってもちがいます。

これらの休み時間を楽しく過ごすには、どのようなことを心がければいいでしょうか。

次の学習の準備をすませてから

休み時間は、前の学習の後片づけをして、次の学習の準備をする時間でもあります。教科書・ノートの用意や、しておかなければならないことなどを、きちんと準備してから遊びましょう。

係の仕事や委員会活動の仕事も

係の仕事は、休み時間を利用しておこなうこともあります。生きものの世話をしたり、配付物をくばったりするなどの活動のほかにも、計画をたてたり相談をしたりできます。また、ほかのクラスの友だちと委員会活動をおこなう、大切な時間でもあります。

安全に気をつけて遊ぼう

ゲームなどに夢中になると、ついあぶないことをしてしまったり、まわりのようすをよく見ないで遊んだりすることもあります。けがなどしないように、みんなで気をつけましょう。

遊びをとおして友だちになろう

休み時間は、それぞれが自由に使える時間です。自分の好きなことをして過ごしても、仲のいい友だちと過ごしても、もちろんOKです。でも、クラス全員で遊ぶ日を決めたり、みんなでできる遊びを工夫したりすると、クラスのきずながふかまります。ふだんはあまり話さない友だちのよさに、あらためて気づくこともあるでしょう。

休み時間　じゃんけんを使って、宝を取るために攻めあう。いつのまにか夢中になってしまう

ドンじゃんけん

| 教室 | 校庭 | 体育館 | どこでも |

人数　6〜40人くらい
時間　15分くらい
用具　コースをかくもの、宝

コースの上を相手の陣地をめざして進みます。
相手に出会ったらじゃんけんをして、
勝ったら進み、負けたら陣地にもどります。

6〜40人くらいを2チームに分けます。人数の多いときは、それぞれのチームのなかで、さらにいくつかに分け、コースの数をふやしましょう。

　はじめに、おたがいの陣地をあらわす白線を、20mくらいはなしてひきます。次に、ふたつの陣地をむすぶコース線を、ジグザグにひきます。陣地にはそれぞれ色のちがうバトンや布、紙などを宝として、5個くらいずつおいておきます。

　スタートの合図で前に進んでいき、相手と出会ったら、おたがいに両手をあわせ「ドン」といって、じゃんけんをします。場所がせまいところでは走るとあぶないので、歩くようにします。じゃんけんに勝った人は、そのまま進みます。負けた人は道をゆずって、次の人がスタート地点からスタートします。じゃんけんに勝ち進んで、相手の陣地に着いたら、宝をひとつ取ります。宝の数が多いチームが勝ちです。

進め方

1
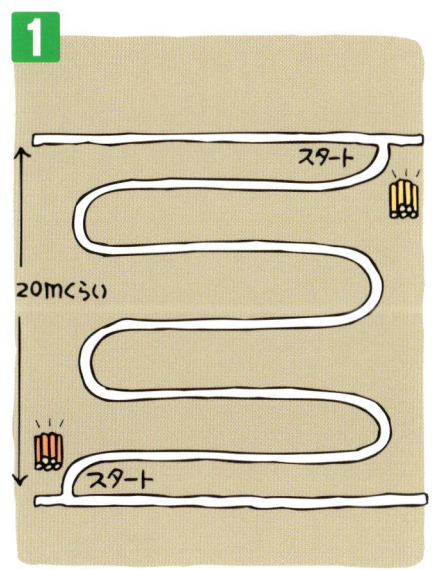
地面に陣地をあらわす白線を一本ずつ、20mくらいはなしてひく。ふたつの陣地をむすぶコース線をひく。

2

ふたつのチームに分かれ、それぞれむかいあって陣地にならび、宝をおいておく。

3

スタートの合図で、それぞれのチームからひとりずつでて、コースの上を進む。出会ったところで、両手をあわせて「ドン」といい、じゃんけんをする。

4

勝ったらそのまま進む。負けた人は陣地にもどり、列の後ろにつく。次の人は負けたとわかった時点で、すぐスタートする。

5

相手の陣地に着き、宝を取ったらポイントとなる。

ちょっとアレンジ 教室でするとき

　教室でするときは、机をつなげて人がとおれる道をつくります。道を進み、相手と出会ったらじゃんけんをします。かならず歩いていき、けっして走ってはいけません。負けた人は後からくる味方に道をゆずります。

　へびの形ににているので、「へびじゃんけん」とよぶところもあります。

休み時間　相手チームとのかけひきがおもしろいので、ワクワクする

中線ふみ
（ちゅうせん）

| 教室 | 校庭 | 体育館 | どこでも |

人数　10〜30人
時間　10分
用具　線をひくもの

ふたつのチームに分かれて、おたがいにつかまえます。
チームのみんなと協力して作戦をたて、
バランスよく攻めましょう。

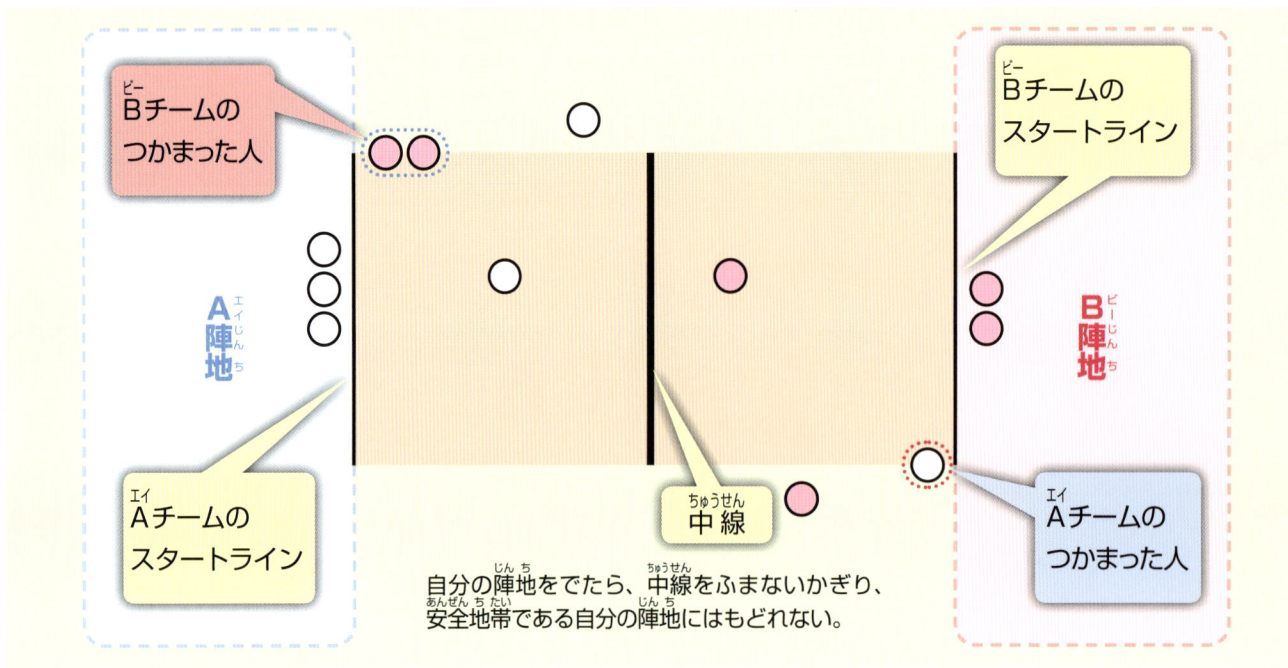

Bチームのつかまった人
Bチームのスタートライン
A陣地
B陣地
Aチームのスタートライン
中線
Aチームのつかまった人

自分の陣地をでたら、中線をふまないかぎり、
安全地帯である自分の陣地にはもどれない。

進め方

1 ふたつのチームに分かれ、陣地を決めて、それぞれのスタートラインにつく。「よーいドン」の合図で、スタートラインからでて、相手をつかまえに行く。

2 相手をつかまえられるのは、対戦相手より後からスタートラインをでた人だけ。相手より先にスタートラインをでた人は、にげる。中線をふめば、自分の陣地にもどることができる。

3 対戦相手の陣地には、はいることができないので、相手が自分の陣地にもどる前に、おいかけてつかまえる。

4 つかまった人は、相手の陣地に足をつけて手をつなぎ、味方が助けにくるのをまつ。味方がきてタッチしてくれればつかまった人全員が解放される。

5 時間がきたときに、相手をつかまえた人数の多いほうのチームが勝ち。

　ふたつのチームに分かれて、相手チームの人をつかまえるゲームです。まず校庭に平行な線を3本ひきます。ドッジボールのコートくらいの大きさをイメージして線をひくといいでしょう。まん中の線を中線といいます。中線の両側の線がスタートラインです。

　ふたつのチームのメンバーは、それぞれスタートラインの外側に立ち、「よーいどん」の合図で数人ずつ中線に走っていきます。スタートラインをでたら、中線をふまないと陣地にはもどれません。しかし、中線をふもうとする前に相手につかまるかもしれません。いろいろ作戦をたて、相手をおびきだし、相手をつかまえましょう。

　相手をつかまえることができるのは、相手よりも後に自分の陣地をでた人だけです。Aさんがスタートラインをでたら、Aさんより後にでた相手チームのBさんがAさんをつかまえることができます。だれが先にでていったのか、後からでてきた人はだれか、みんなで相手の動きをよく見ながら動くのが、このゲームのポイントです。

　つかまった人は、決められた場所に「だるまさんが転んだ」のように手をつないでならびます。味方がつながっている仲間にタッチすれば、全員助けられます。最後に、どれだけ相手をつかまえたかで勝敗を決めます。

もりあげポイント！ 作戦をたてよう

コートが3本の平行線だけで、両わきにサイドラインがないことをうまく使いましょう。「わたしがむこうからこっそり近づくから、あなたはあっちにまわって！」「お前はここを守れ！」など、作戦をたてて遊びましょう。

休み時間　からだ全体を使って相手とぶつかっていくので、心の距離も近くなる

Sけん

教室　**校庭**　体育館　どこでも

人数　10〜30人くらい
時間　10分
用具　宝ものにするもの2つ、S字などをかくもの

S字のコートの中にある宝ものを取りあうゲームです。自分の陣地の宝をまもり、相手を全員アウトにするか、相手の陣地にある宝を取れば勝ちになります。

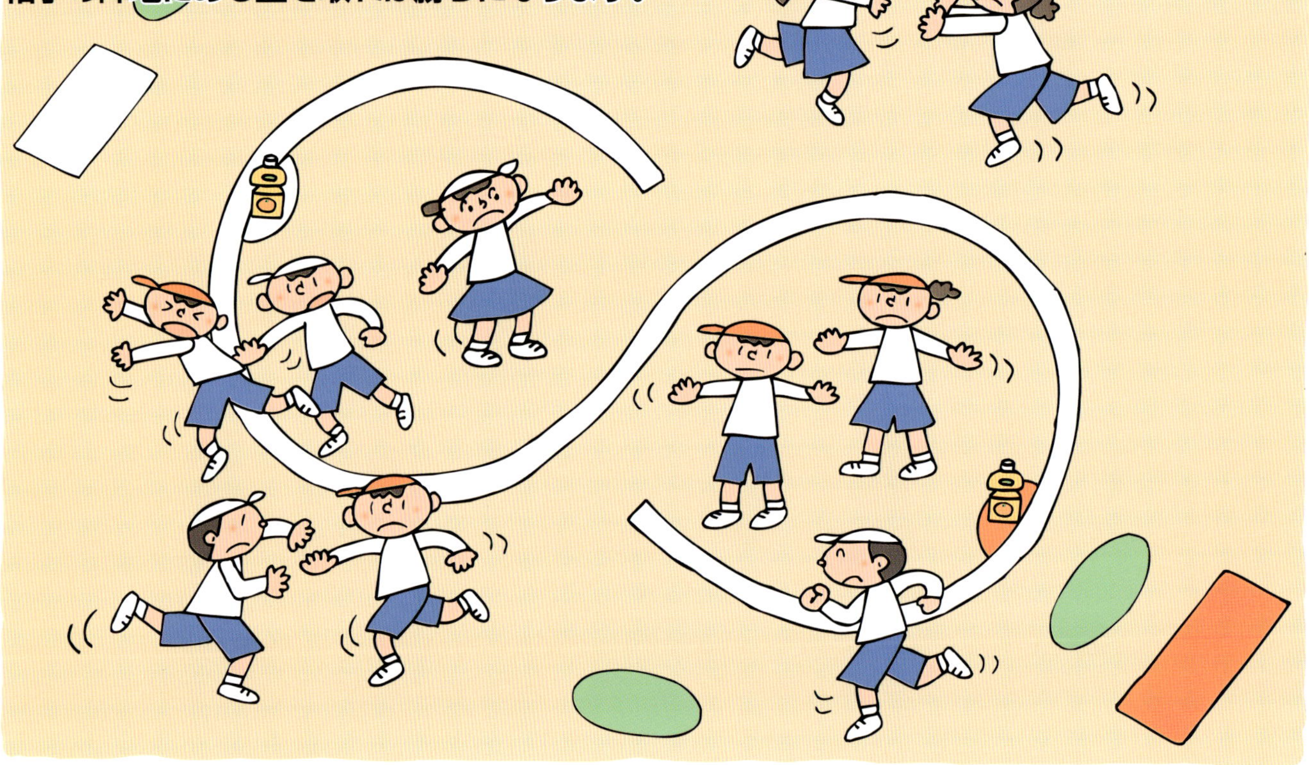

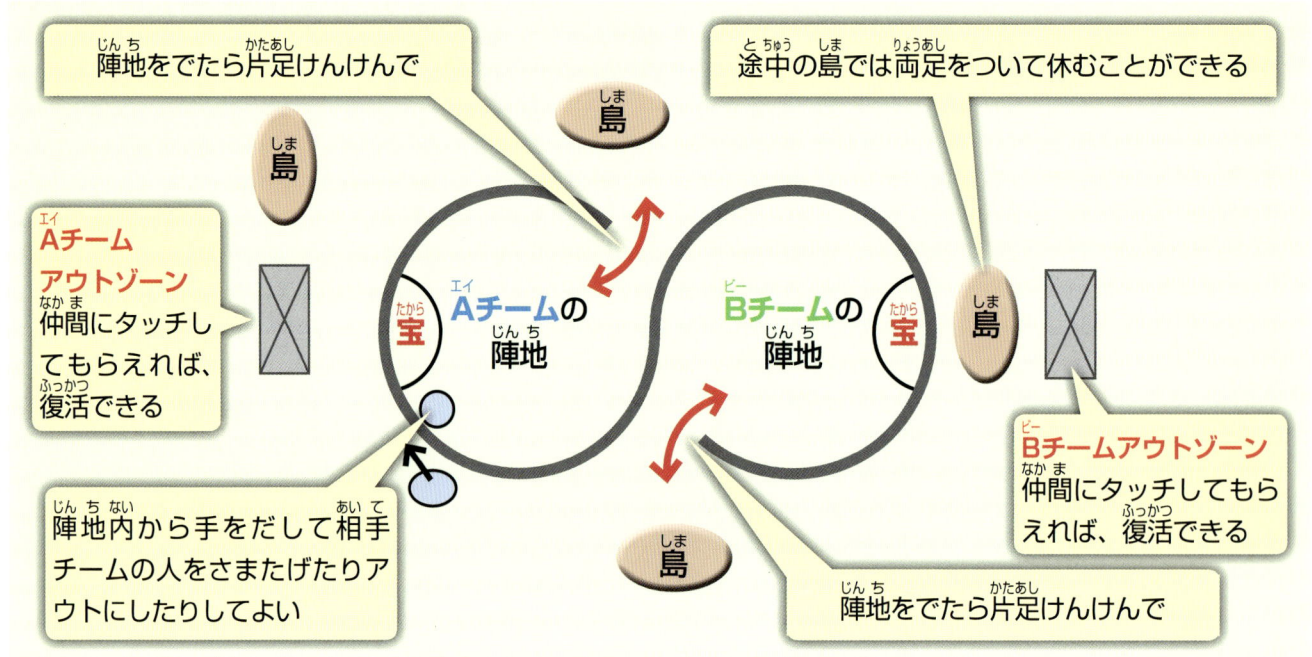

陣地をでたら片足けんけんで
途中の島では両足をついて休むことができる
島
島
Aチーム
アウトゾーン
仲間にタッチしてもらえれば、復活できる
宝
Aチームの陣地
Bチームの陣地
宝
島
Bチームアウトゾーン
仲間にタッチしてもらえれば、復活できる
陣地内から手をだして相手チームの人をさまたげたりアウトにしたりしてよい
島
陣地をでたら片足けんけんで

2チームに分かれて、相手のチームの宝を取りあうゲームです。友だちとおしあったり、ひっ張りあったりする、ちょっとはげしいゲームですが、協力して宝を取りにいくという、力と知恵を使った楽しいものです。
　スタートの合図で相手の陣地まで片足けんけん（片足とび）でむかいます。自分の陣地や相手の陣地、島では両足をつくことができます。片足けんけんをしなければいけないところで両足がついてしまったり、線をふんだり、またいだりしたときはアウトです。アウトになったら自分の陣地の外のアウトゾーンに移動します。仲間がきて、タッチすれば助けてもらえます。宝を取りに行く間に相手と出会ったら、おしたり、ひっ張ったり、くすぐったりして、相手をアウトにします。しかし、相手を後ろからおすなど、危険なたおし方をしたときは自分がアウトです。相手チームもどんどん自分の陣地にむかってくるので、陣地でも相手チームと対戦します。
　みんなで協力して、相手チームの宝ものを取るか、相手チーム全員をアウトにしたチームが勝ちです。

進め方

1　地面に大きなＳ字の陣地とＳ字の外に島となる丸をかく。ふたつのチームが、それぞれの陣地にはいり、陣地の奥に宝（ペットボトルなど）をおく。

2　スタートの合図でＳ字のあいたところからでて、相手チームの陣地まで片足けんけんでむかう。Ｓ字の線をふんだり、またいだりするとアウトになる。途中、島以外で両足をついてもアウト。

3　相手チームと出会ったら、片足けんけんしながら戦ってアウトにし、宝を取りに行く。

4　アウトになった人は、自分の陣地の外のアウトゾーンにはいって応援する。仲間にタッチしてもらうと復活できる。

5　先に相手チームの宝ものを取るか、相手チーム全員をアウトにしたチームが勝ち。

休み時間　相手の動きを見てすばやく反応しなければならない、ドキドキするゲーム

ろくむし

教室　校庭　体育館　どこでも

人数 6人以上
時間 10分
用具 ゴムボール

鬼チームがキャッチボールをするすきを見て、子どもチームはベース間を往復するゲームです。

進め方

1

ゴム製のやわらかいボールをひとつ用意し、鬼チームと子どもチームに分かれる。円形のベースを、15mくらいはなしてふたつかく。

2

子どもチームは全員、片方のベースにはいる。鬼チームのうち2人が、ひとつのベースの両側に立ってキャッチボールをする。あとの鬼はベース以外の場所にいる。

3

子どもチームは、もう片方のベースにダッシュし、ベース間を往復する。途中で鬼にボールを当てられたらアウト。キャッチボールをしない鬼チームの子は、仲間からボールをパスしてもらうと、ボールを当てることができる。子どもチームは、鬼がキャッチボールを6往復（ろくむし）する前にベースからでなければいけない。だれもでなかった場合、子どもチームの負け。

4

子どもチームは、ボールをよけて1往復できたら「いちむし」と声をだしていう。同じように「にむし」（2往復）、「さんむし」（3往復）とつづけ、子どもチームのだれかが、「ろくむし」（6往復）できたら子どもチームの勝ち。子どもチームのひとりが鬼チームにねらわれているときに、のこりの子どもチームの人がすきを見てダッシュするとよい。

　鬼チームの2人がキャッチボールをしているすきに、子どもチームがふたつのベース間をダッシュで往復します。鬼は、ベースの外にでた子どもにボールを持ってタッチしたり、ボールをぶつけたりしてアウトにできます。全員アウトになったら鬼チームの勝ちです。
　このゲームのおもしろさは、鬼チームはボールを投げるふりをしてタッチする作戦を考える。いっぽう、子どもチームのメンバーはボールの動きや鬼の目を見て、鬼にタッチされないうちにはやく「ろくむし」になるスリルを味わうことにあります。
　「ろくむし」になれるように、仲間と協力して作戦をたてましょう。

係活動

係活動は、クラスで過ごす時間を、楽しくするためのものです。どんな活動が、係活動にふさわしいのでしょう。

たとえば、黒板消しや窓の開け閉めなどは、毎日、かならずおこなわなければならないので、当番や日直の仕事にする学校がほとんどです。これに対して、それがなくてもクラスはなりたつけれども、自分たちのアイデアや工夫がいかされ、それによって、人の役に立ったり、クラス活動が楽しくなったり、ふかまっていくようなものを、係活動といいます。

係活動は、みんなのやりたいこと、興味のあることをもとに、内容を自由に決められます。だから、自分たちにしかできない活動ができ、いくらでも楽しくすることができるのです。クラスの仲間と協力して、ときにはきそいあって、クラスのみんなが楽しく活動できるようにしましょう。

係活動には、どんなものがあるの

係活動は、みんなの勉強のお手伝いをしたり、授業以外でクラスの活動を広げたり、イベントをおこなったりする活動です。次は、係の例です。

イベント係 ▶32ページへ
誕生日会、お別れ会、歓迎会など、みんなでお祝いしたり、気持ちを共有したりするためのイベントを計画して、実行します。

学習係 ▶34ページへ
テストの予想問題を考えるなどして、勉強が進むお手伝いをします。

新聞係 ▶38ページへ
クラスのみんなにつたえたいことを決め、新聞にします。

生きもの係 ▶40ページへ
植物を育てたり、昆虫、魚類などの動物を飼ったりして、生きものの世話をします。

このほかにも、手紙係(p.30)やプレゼント係(p.36)などさまざまな係が考えられます。それぞれ、いろいろな工夫をして、楽しくてみんなの役に立つ係活動をつくりあげましょう。

ポスターの形を工夫すると、楽しくなるね。

係の名前を工夫しようよ。たとえば「配り係」だったら「郵便係」や「配達係」など。

仕事の中身に、ゲームをいれたり、順番を工夫したりするといいよね。

係活動 友だちの心と心をつなぐ、あたたかい係にしよう！

手紙係

手紙係は、みんなの心と心をつなぐお手伝いをする係です。ふだんてれくさくていえないことや、ありがとうの気持ちなどを、手紙に書いておくるようによびかけましょう。

進め方

1 便せんやカードを用意する

先生から紙や画用紙をもらい、オリジナルの便せんやカードをつくり、印刷してもらう。

2 ポストをつくる

クラス内専用のポストをつくり、便せんやカードとともにおく場所を決める。

3 みんなによびかける

クラスのみんなに手紙を書いてポストにいれるようによびかける。

4 あて先にくばる

ポストの中をチェックして、手紙のあて先にくばる。

「文章を書くのが苦手だからできないよ」という人には、「ひと言でもだいじょうぶだよ。わたしたちが気持ちをとどけるよ。」といって安心してもらいましょう。

また、オリジナルの便せんやカードをつくることで、「書いてみたいな」「もらってみたいな」など、みんなの気持ちをもりあげることもできます。

ときには手紙係が「気持ちをつたえようキャンペーン」と題して、みんなの先にたって手紙をだすのもいいでしょう。

大きな行事やイベントのときなどは、全員が手紙をおくる相手をくじで決めるなどして、手紙を書く場面をつくってもいいですね。

手紙係ってどんなことができるかな?

❶便せん・カードづくり
- 季節ごとに絵がらをかえます。
- テーマごとに、たとえば「お掃除じょうずの〇〇さん」なら、ほうきの形をしたカード、「あいさつじょうずの〇〇さん」なら、ニコニコ顔カードなど工夫してみましょう。

❷気持ちをつたえようキャンペーン
- お誕生日の人 ●同じグループになった人 ●お世話になった上級生
- お掃除をがんばっていた人 ●あいさつをたくさんしていた人 ●やさしくしてくれた人

などに「手紙を書いて、思いをつたえよう!」とよびかけるポスターをつくります。このほかにも、季節ごとにテーマを決めるなど、できるだけ多くの友だちに手紙がとどく工夫を考えてみましょう。

係活動　アイデアしだいで、クラスがもっともっと楽しくなる！

イベント係

イベント係は、お楽しみ会や誕生日会などの企画をたて、クラスをもりあげる係です。
みんなでアイデアをだしあって楽しい会をつくりましょう。
集会係ともいいます。

進め方

1 日時などを相談する

いつ、どこで、どのような内容のイベントにするのかを相談する。

2 みんなに提案する

企画案をつくったら、クラスのみんなに提案する。

3 イベントの準備をする

どのような内容にするかが決まったら、準備や練習をする。

4 イベントをおこなう

準備してきたことにそって、じっさいにイベントをおこなう。

イベント係が企画するイベントは、誕生日会、お楽しみ会、お別れ会、歓迎会などいろいろと考えられます。開きたいイベントが決まったら、一年間の予定を見ながら日時を決めます。授業時間内にしたいときは、先生に相談してみましょう。そして、どのような内容にするのか、イベント係で話しあって企画案をつくります。

友だちにわたすプレゼントはプレゼント係、歌やダンスやお笑いなどは、それぞれの係をつくって仕事を分担します。お別れ会や歓迎会は、本人に内緒にしておいて、サプライズパーティーを企画してもいいでしょう。

イベントで楽しみなのは、なんといってもゲームです。「フルーツバスケット」（第2巻p.14）のように、みんなで交流できるものは、どんなイベントでも楽しくできます。また、いろいろなじゃんけんゲームは、学年を問わずもりあがります。クイズやビンゴゲームなどを組み合わせても、おもしろく遊べます。

みんなで同じことをするだけでなく、男子と女子に分かれて、数名ずつで歌をきそいあう「紅白歌合戦」や、グループごとにダンスをきそいあう「ダンス大会」など、練習が必要な出しものを企画すると、友だちとより親しくなるきっかけにもなります。楽しくてクラスのきずながふかまるようなイベントを、いろいろと考えましょう。

> イベント係ってどんなことができるのかな。

❶ミニイベントの場合

「今月の誕生日会」のような、定期的におこなうイベントの場合は、朝の会でクラスに提案し、休み時間にイベントをおこなう方法もあります。内容は、「歌」「ゲーム」「プレゼント」などが考えられます。その月が誕生日の友だちに、したい遊びやゲームをリクエストしてもらうのもいいですね。

お楽しみ会で「劇」をすることになったら、決めることはたくさんあります。どんな劇にするか、台本はだれがつくり、だれが演じるか、衣装や小道具などはどうするか、また音楽はどうするかなど、できるだけ多くの人が参加できるように考えましょう。

❷大きなイベントの場合

転校する友だちの「お別れ会」、学期の終わりの「学級集会」や、季節ごとの集会などは、だいたいの案を考えておき、具体的なことは学級会で決めましょう。

「歌」「ダンス」「ゲーム」などをバランスよく組み合わせると、楽しくて心にのこるイベントとなります。お別れ会なら、クラス全員の寄せ書きをつくったり、みんなのメッセージを箱につめてプレゼントしたりしてもいいでしょう。また、大じゃんけん大会など、いろいろな人と交流できるゲームをすると、おおいにもりあがります。第2巻 学級集会も参照してください。

係活動 自分たちのつくった問題で、みんなを「おー！」といわせよう

学習係

学習係は、クラスのみんなの勉強のために、宿題プリントをつくったり、テストの予想問題を考えたりします。また、テレビで登場するようなおもしろくて頭を悩ませる問題をだして、楽しく勉強できるようにする係です。

進め方

1 テーマを決める

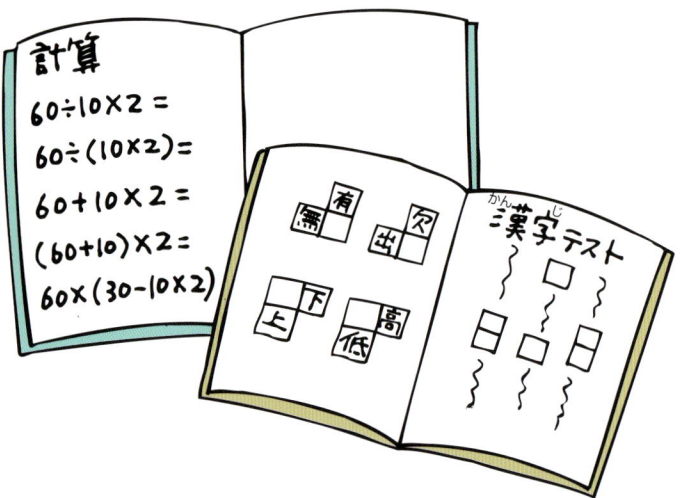

学習係のみんなで集まって、どんなテーマの問題にするかを決める。たとえば国語の漢字書き取りや、算数の筆算や図形の問題など、いろいろな案をだし、テーマをしぼる。

2 問題をつくる

テーマが決まったら、問題をつくる。漢字書き取りならばどんな漢字を問題にだすのか、図形の問題ならばどうするかなど、係全員で考えて決める。問題ができたら問題がまちがっていないか、先生に確認してもらう。

3 印刷してみんなにくばる

先生に印刷してもらい、クラスのみんなにくばる。くばった紙に、名前を書いてもらう。提出の期限を決めて、問題を解いてくるようにおねがいする。

4 問題用紙を集める

解答してもらった問題用紙をクラス全員から集める。できなかったところは、どうしたらできるようになるか、クラスみんなで考える。

学習係ってどんなことができるのかな。

❶テストの予想問題を作成する

　テストでは、だれもがよい点数をとろうとがんばりますが、なかには勉強の仕方がわからなくてこまっている友だちもいます。そんな友だちの期待にこたえて、学習係がテストの予想問題をつくります。学習係は、授業をうけていて大切だとおもったところをノートに書いておきます。それをもとに問題をつくり、みんなにくばります。どのような問題をだせばいいのかわからないときは、クラスのみんなに取材してみましょう。予想問題が大当たりしたら、みんなから感謝されることまちがいなしです。
　そして、何よりも、クラスの全員がその問題を正解できるようになることが大切です。

❷グループで協力して解く問題をつくる

　グループのみんなで意見をだしながら解いていく問題をつくるのもいいでしょう。グループの団結力が高まります。推理問題などは、すぐに答えが見つからず、みんなで話しあいながら解決していくので、グループで解く問題としてはぴったりです。クイズなどもいいですね。

❸学習グランプリをひらく

　みんなが一生懸命に勉強に取り組めるようなイベントを開きましょう。たとえば、「漢字王決定戦」「計算王決定戦」「ものしり博士はだれだ?」などです。全10回のテストをおこない、どれだけ得点が取れたかをきそいます。10回のテストは、教科だけでなく、スポーツや流行などさまざまなジャンルをところどころにいれます。だれもが得点を取れるように、みんなの得意分野を出題内容にもりこむといいでしょう。

係活動 いろいろなプレゼントをつくって、みんなに喜んでもらおう！

プレゼント係

プレゼント係は、いろいろな記念日や、理由を考えて自分たちならではのプレゼントを用意する係です。プレゼントは、身近な材料を使って、係の友だちと協力しながら心をこめてつくりましょう。

進め方

1 プレゼントをあげる人を決める

いろいろな記念日や理由を考えて、プレゼントをわたす相手や、わたすタイミングを考える。

2 プレゼントをわたす理由を考える

わたす理由は、誕生日などのほかに、親切なことをした、掃除をまじめにした、テストで満点をとったなど、どんなことでもかまわない。

3 その人にあったプレゼントにする

その人にあったプレゼントを考える。好きなことや、お気にいりのアニメーションなど、情報を仕入れておくといい。

4 プレゼントをわたす

ちょうどいいタイミングでプレゼントをわたす。その日まで内緒にしておくと、ワクワクできるし、相手にも喜んでもらえる。

プレゼントをわたす理由は、誕生日、体育でいい記録をだした、身近な人に親切なことをした、クラスの思い出になることがあったなど、いくらでも考えられます。「今度はあの友だちに、○○の理由でプレゼントをわたそう」と考えるだけで、きっとうれしくなります。

プレゼントは、友だちとアイデアをだしあい、休み時間につくったり家でつくったりしましょう。

誕生日のプレゼントは、クラス全員の誕生日を聞いておき、クラスのカレンダーに書きこんだり（p.16～17）、月ごとにまとめておくとわすれることがありません。
「ありがとう」や「おめでとう」「がんばったね」などの気持ちをこめたメッセージもつくりましょう。もらった人も、きっとしあわせな気持ちになるでしょう。

プレゼント係ってどんなことができるのかな。

❶つくることを楽しむ

友だちのためにプレゼントを手づくりするのは、楽しいことです。ひとりより、友だちと相談しながらつくると、アイデアも広がります。プレゼントの材料を、いろいろ工夫するのも腕の見せどころです。クラスであまっている折り紙、家にあるケーキ屋さんの包み紙やリボン、ひとつだけになったボタン、きれいな箱をもらってもいいでしょう。道ばたでつんだ花で押し花をつくったり、クレヨンや絵の具で絵をかいたりと、身のまわりのものを自由に使って、世界にひとつだけのプレゼントをつくりましょう。

プレゼント係のつくったプレゼント

❷ほかの係といっしょに仕事をしよう

手紙係、イベント係、学習係など、いっしょに仕事ができる係がたくさんあります。ほかの係の友だちと相談したり、協力したりしながら取り組むと、より楽しくなります。

たとえば、手紙係といっしょに、「気持ちをつたえようキャンペーン」をひらいてはどうでしょう。気持ちをつたえたい人に、手紙といっしょに、思いをこめたプレゼントもおくります。また、イベント係には、プレゼントをともなうイベントができないか相談してみましょう。また、ゲームでは、勝った人やチームにわたすプレゼントをつくってもいいですね。さらに、学習係がひらく学習グランプリなどで、グランプリにかがやいた人にわたすプレゼントを用意することもできます。

いろいろな係と相談して、楽しいプレゼントを考えましょう。

係活動　みんなに、ワクワクするニュースをつたえよう！

新聞係

新聞係は、クラスのビッグニュースや学校のできごとをわかりやすくまとめて、新聞をつくる係です。みんなの思い出にのこるような、楽しい新聞をつくりましょう。

進め方

1 テーマを決める

自分たちがどんなテーマで新聞をつくりたいのか考える。たとえば、クラスの人気ランキングをテーマにして、好きな遊びやテレビ番組を取りあげるなど、毎回のテーマを決める。

2 取材をする

つたえる相手はクラスの友だち。いつもいっしょにいるクラスの友だちも、取材してみるといろいろな考え方をもっていることがわかる。クラスの友だちにアンケートをとるなどして、どんなことに興味をもっているのかを調べるのもおもしろい。

3 レイアウトを考える

新聞のどこに何を書くかを考える。トップ記事となるビッグニュースは何にするか、ほかの部分の割りふりはどのようにするか、マンガやイラストをいれるか、位置や大きさはどうするかなど、おおざっぱに決めてメモに書いておく。

4 下書きをし、構成を考える

ある程度メモが書けたら、今度は新聞の下書きをする。下書きをしながら文字数やレイアウトを調整する。必要があれば、新たにつけくわえる記事を考えたりする。調整ができたら、清書する。

5 完成!!　掲示・配付

新聞が完成したら、教室のかべに掲示する。プリントできるサイズならば、先生におねがいしてコピーをとってもらい、クラスの全員にくばる。大きいかべ新聞だったら写真を撮って、それを印刷してもいい。くばったその日に、どんな特ダネや耳より情報があるかなどをつたえると、みんなが興味をもって読んでくれる。

新聞係ってどんなことができるのかな。

大縄跳びで、ついに最高記録！
大縄大会優勝まちがいなし！

クラスのビッグニュース

レク係の考えた次の遊びはSケン！
チームは〇〇です。

❶各係の特集を組んで、係活動を活発にする

各係が取り組んでいる活動を特集にして、みんなにつたえましょう。各係がクラスのために、見えないところでがんばっている努力を、みんなにつたえることができれば、みんなが感謝の気持ちをもつきっかけになります。

❷クラスのビッグニュースを新聞記事にしてつたえる

クラスでおこったできごとをメモしておき、後で記事にすると、みんなが日記を見るように学校生活をふりかえることができます。新聞をとおしてよいできごとや心にのこることなどを、クラスのみんなといっしょに分かちあうことができます。文章だけでなく、写真やイラストなどもいれて、楽しい紙面をつくりましょう。

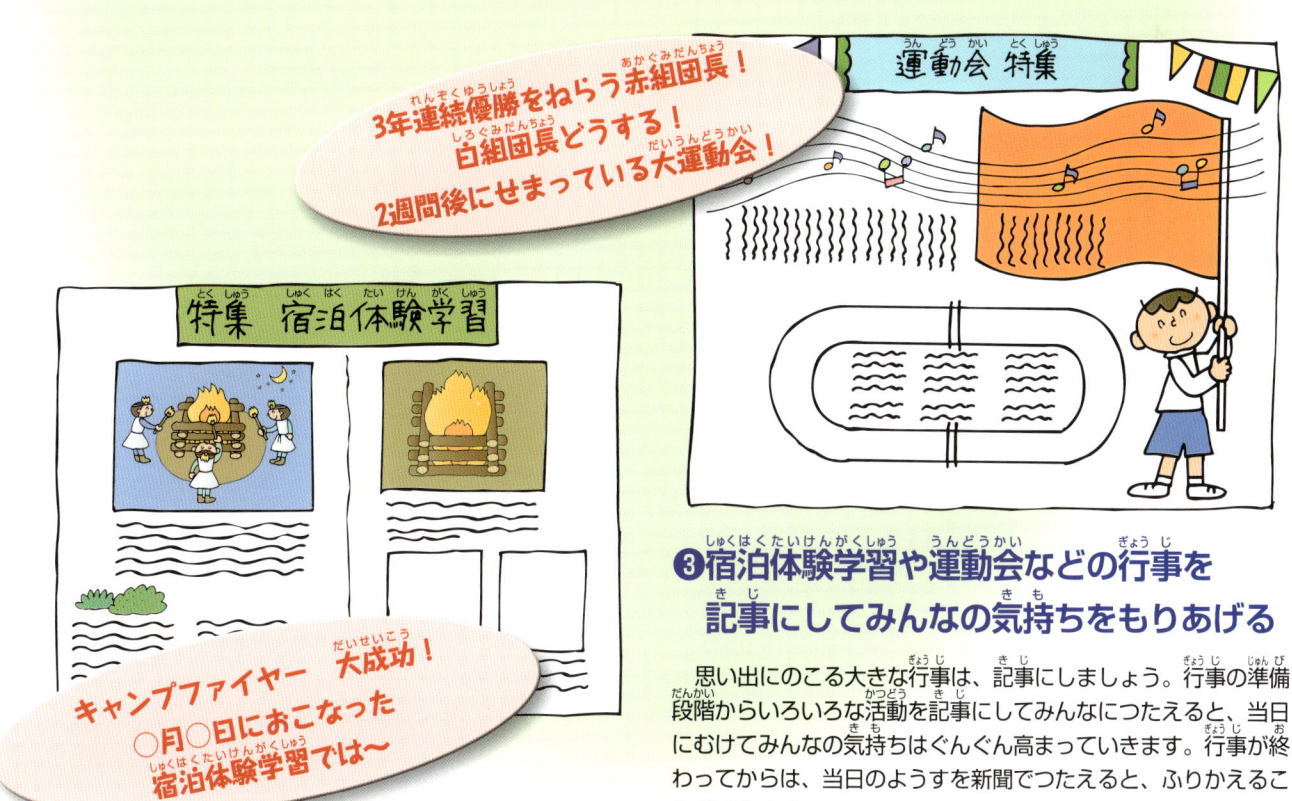

3年連続優勝をねらう赤組団長！
白組団長どうする！
2週間後にせまっている大運動会！

キャンプファイヤー　大成功！
〇月〇日におこなった
宿泊体験学習では〜

❸宿泊体験学習や運動会などの行事を記事にしてみんなの気持ちをもりあげる

思い出にのこる大きな行事は、記事にしましょう。行事の準備段階からいろいろな活動を記事にしてみんなにつたえると、当日にむけてみんなの気持ちはぐんぐん高まっていきます。行事が終わってからは、当日のようすを新聞でつたえると、ふりかえることができます。

係活動　クラスで育てている生きものを観察し、世話をしよう！

生きもの係

生きもの係は、クラスのみんなが生きものに親しむために、魚や虫、植物などの世話をする係です。みんなが生きものを、より身近に、大切に感じられるように工夫しましょう。

進め方

1 世話をする目的を決める

どんな目的で生きものの世話をするのか考える。クラスをあかるくする、生きものの生態を知ることができる、命の大切さを学ぶなど、クラスのみんなのことを考えた目的にする。

2 世話をする生きものを決める

目的にあわせて、どんな生きものを世話するのか決める。生きものによっては学校で飼えないことがあるので、先生と相談しながら決める。また、生きものによっては環境の変化に弱いものもいる。教室で世話ができる生きものかどうか、まず生態をよく調べることがだいじ。世話をするために必要な道具がそろえられるかどうかを確認することも大切。

3 責任をもって育てる

世話をする生きものが決まり、準備もできたら、生きものが元気よく過ごせるようにしっかりと世話をする。みんなで責任をもって世話をするために、エサやり、水やり、掃除などの役割分担を決めて取り組むことが大切。

生きものの命をあずかっていることを、けっしてわすれないようにする。

生きもの係ってどんなことができるのかな。

❶写真やイラストでみんなにつたえる

　生きもののようすを写真やイラストでみんなにつたえましょう。成長（生長）や季節ごとの変化をつたえることで、みんなに生きものに興味をもってもらえます。たとえば、メダカが卵からふかしてどんどん大きくなっていくようすをアップで撮って、みんなにつたえてみましょう。かわいいメダカの赤ちゃんを見るために、みんなが水槽にくぎづけになることまちがいなしです。

❷生きものに名前をつけよう

　みんなに生きものに親しんでもらうために、名前をつけましょう。名前はみんなから募集して、その生きものにふさわしい名前をえらびましょう。クラスのあちこちから「○○ちゃんを見に行こう！」という声が聞こえてきたらうれしいですね。
　もし何びきかの生きものがいたら、それぞれの特徴で名前をおぼえると見分けもつきやすくなります。

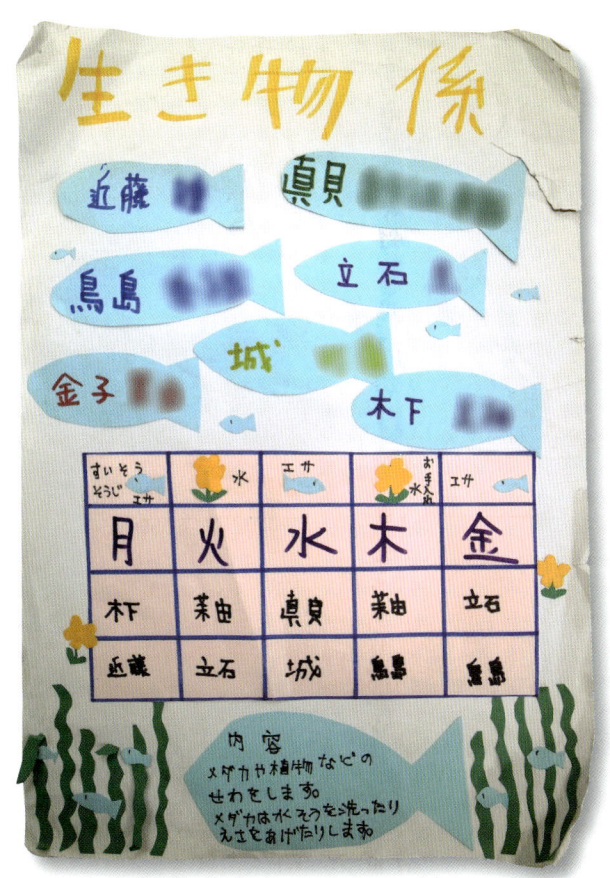

曜日ごとに世話をする人の名前を書いた表をつくっておくと、わすれることが少ない。

❸世話の体験をしてもらう

　生きもの係だけでなく、みんなにも世話に参加してもらいましょう。世話の仕方を教えてあげて、みんなでだいじに育てましょう。整理券をくばって、だれがいつ世話をすればいいのかわかるようにしてもいいですね。

COLUMN

クラスの生活を見直して、新しい係をつくろう

クラスで必要だとおもう係を自分たちでつくってみましょう。ここでは、お笑いやダンスをみんなの前でひろうして、喜んでもらう「お笑い係」と「ダンス係」を紹介します。

「お笑い係」と「ダンス係」は、お笑いやダンスを友だちの前でひろうして、みんなに喜んでもらう係です。雨の日のように校庭で遊べないときや、クラス全体に元気をあたえたいときに、笑いをふりまいたり、ダンスをひろうしたりしてくれる係があると、とても楽しい気分になります。「お笑い係」や「ダンス係」は、みんなに元気や明るい気持ちをあたえてくれる大切な係といえます。このように、クラスの生活を見直すと、ほかにも「本係」や「落とし物係」などの新しい係をつくることができそうですね。

「お笑い係」や「ダンス係」になったら

まず、やりたいネタやダンスを考えます。そして休み時間などを利用して、練習をしておきます。お笑いやダンスを発表するのは、休み時間、学級集会、お楽しみ会など、いろいろと考えられます。みんなにいつ見てもらうかを決めて、朝の会やポスターで発表の日時を知らせておくと、みんなその日を楽しみにまっていてくれます。

ふだんから練習しておいて、雨の日の朝の会などで、「今日は雨が降っているので、お笑いをやります。10時30分に教室に集まってください」と知らせる方法もあります。雨が降っていてつまらないとおもっている人もいるかもしれません。きっと突然のイベントに、みんなが喜んでくれることでしょう。

当番活動

どのクラスにも「当番」があります。当番は、みんなのための仕事を、一人ひとりが順番に、分担してするものです。当番には、どんな仕事があるのでしょう。

おもな当番

- 花の水やり
- 日直
- 電気（点灯、消灯）
- 給食
- 号令
- 掃除

当番はなぜ必要なの

当番の仕事は、ほかにも黒板消しや、ゴミすてなど、たくさんあります。これらの仕事を、だれもしなかったとしたら、どうなるでしょう。クラスは一日で、まとまりのないものになってしまいます。当番の仕事は、みんなが気持ちよく勉強したり、遊んだりするためにあるのです。

では、当番はどのように決めればいいのでしょうか。ポイントは、「先生がいなくても、まとまりのあるクラスとして毎日が過ごせる」かを考えること。どうしたら自分たちだけで、クラスをきちんと清潔に、けじめをつけて運営していけるかを考えて、役割を決めましょう。そして、クラスのまとまりは、一人ひとりの責任ある行動からなりたっているのだと、当番活動をとおして学んでいきましょう。

当番は楽しくしよう

小さな仕事を、コツコツとつみかさねていくのが当番活動です。でも、毎日するなんて、めんどうだし、つまらないとおもっていませんか。しかし、どんな当番でも、工夫しだいで楽しんでできます。

たとえば、花の水やり当番なら、花がいくつ咲いた、種ができたなど観察日記をつけて、みんなに見てもらってもいいでしょう。給食当番なら、配膳・片づけなどの係を順番にすると、いろいろな仕事がおぼえられるし、気分もかわります。

当番の仕事ができたか、チェック表をつくってもいいでしょう。また、ゲーム方式にしたり、コンテストにしたりと、みんなで楽しくできるアイデアはいろいろです。

当番活動 ▶ 感謝の気持ちをこめて、給食をおいしく食べられるようにしよう！

給食当番

給食は、用意するときや食事をくばるとき、食べるとき、食器をもどすときなどに、ちょっとした工夫をすることで、いっそう楽しく食べられます。

　みんなが楽しみにしている給食の時間。栄養のバランスがよい食事をとるだけでなく、食べるときのマナーを学んだり、班のみんなと仲よく交流したり、また、きらいな食べものを克服したりするチャンスでもあります。
　給食当番にとっては、料理を運んだり、配膳したり、片づけたりと、大活躍の時間となります。
　「いただきます」や「ごちそうさま」は、生きものの命や、つくってもらった人などに感謝の気持ちをあらわす言葉です。そういう気持ちをもちながら、みんなでなごやかに給食を食べましょう。
　給食当番を、めんどうとおもうか、楽しくてやりがいがあるとおもうかは、みんなの工夫しだいです。右ページで紹介したほかにも、みんなでいろいろな工夫をしてみましょう。

44

給食の時間でどんなことができるかな

工夫1 食材について調べてみよう

こんだて表を見て、使われている食材の中から、じゃがいも、トマトなど、毎日ひとつずつえらびます。その食材について、どんな栄養があり、どんな料理にむいているかなどを調べ、「今週のワンポイント食材」として紹介しましょう。「今日はどんな食材が使われているかな」と、クラスのみんなも楽しみにすることでしょう。

工夫2 給食当番グランプリに挑戦

「自分チェック表」をつくります。身じたく、正確性、清潔度、早さなどの項目に分けて、当番の一人ひとりが、その日の自分の作業について○△×で評価します。1か月ごとに、○のいちばん多かった人を「給食当番グランプリ」として、クラスで表彰します。みごとグランプリにかがやいた人は、クラスのみんなでつくったプレゼントがもらえるようにしましょう。

工夫3 給食を楽しく食べよう

給食の時間を少し工夫するだけで、特別な時間にすることができます。たとえば、お誕生日席を用意してみんなでお祝いする「お誕生日給食」や、係活動でがんばったことをみとめあう「係活動がんばったね給食」など、席をかえるだけで思い出にのこるすてきな時間をつくることができます。

工夫4 相談給食をしてみよう

係ごとに集まって、計画している活動を相談しながら給食を食べることもできます。給食を食べながらのほうが、よいアイデアがうかぶかもしれません。係にはいっていない友だちがいたら、いっしょに参加してもらいましょう。意外なアイデアをだしてくれるかもしれません。

ちょっとアレンジ 給食当番レベルアップ大作戦

給食当番は、こぼさずに運んだり、まちがえないようにくばったり、毎日たいへんです。そこで、楽しみながら、すばやく作業ができるように、「給食当番レベルアップ大作戦」を考えてみましょう。
たとえば、当番を準備チーム、片づけチーム、給仕チームに役割分担します。そうすれば、少しずつ自分の役割が上達するかもしれません。また、トレーを一人ひとりにくばるときは、前の人から順に後ろの人にわたしてもらうようにすると、より短い時間でできます。

当番活動 みんなと協力して、掃除を楽しくしよう！

掃除当番

掃除当番になったら、友だちと協力して楽しく掃除をしましょう。
プロ掃除士になるという目標をもって掃除をすると、やる気がでます。

■掃除ってどうしてするのかな

きれいな場所で過ごすと、気持ちのいいものです。心がすがすがしくなります。学ぶ場である学校は、いつもきれいな場所であるといいですね。自分の部屋は自分が使うので、自分で掃除をすればいいのですが、学校はみんなで使う場所なので、みんなで協力して掃除することが必要です。自分たちの使う場所を友だちと協力して楽しく掃除をしましょう。

■めざせ！　プロ掃除士！

掃除の時間はかならず毎日あります。その時間をつまらない時間にするのも、楽しい時間にするのも自分の考えしだいです。毎日することだからこそ、掃除をする場所を楽しくピカピカにしたいものです。これからみんなが一流掃除士になるための方法の一例を紹介します。一人ひとりが一流掃除士をめざし、自分たちが掃除する場所を楽しく、学校でいちばんきれいにしましょう。

「ぞうきんだとおちないなあ。」

「まどはぬれた新聞紙を使うとすごくきれいになるんだよ！」

「え！そうなの。やってみよう。」

「使えなくなった小さなチョークでなぞるとおちるんだよ。」

掃除士の検定（例）　〜一流掃除士への道〜

　一流の掃除士になるには、コツコツと努力する必要があります。ここでは3つのレベル、1.見習い掃除士、2.一人前掃除士、3.プロ掃除士の検定内容を紹介します。

　当番全員の掃除の仕方について、表に○△×をつけていき、○がいくつになったら見習い、一人前、プロへとステップアップしていくか決めておきましょう。

1. 見習い掃除士

掃除の基本を身につけよう！

①5分間動きつづけて掃除をする。
掃除をする姿勢を身につけましょう。
②まどの開け閉めをわすれない。
ほこりがたくさん舞うので、かならずまどは開けましょう。
③話をしない（掃除の話はOK）。
自分の掃除場所でやらなければいけないことを身につけましょう。
④終わりの時間をまもる。
時間内に掃除が終わるように、てきぱきと動きましょう。

2. 一人前掃除士

自分で責任をもって掃除ができるようになろう。

①10分間動きつづけて掃除をする。
10分間動きつづけると、かなりつかれます。でも、その分たくさんの場所がきれいになります。
②ほかの人が気づかないところまでする。
教室のすみや物の下、かげになっているところには、ほこりがたくさんたまっているので、きれいに掃除をしましょう。
③すばやくていねいにする。
多くの場所をきれいにするには、すばやさとていねいさが大切です。

3. プロ掃除士

だれが見ても一生懸命掃除をしている。ほかのみんなに掃除の仕方を教えてあげられるようになろう。

①15分間動きつづけて掃除をする。
15分間動きつづけると冬でも汗がでてきます。自分の動きでみんなをリードしましょう。
②自分たちで掃除の仕方を工夫する。
掃除をする場所にあった掃除の仕方を考えて、実行しましょう。
③下級生を掃除士に育てることができる。
自分たちだけでなく、下級生もじょうずに掃除ができるようにしてあげましょう。

ちょっとアレンジ　掃除道具の使い方学習

　掃除では、ほうき、ぞうきん、モップなど、いろいろな道具を使います。これらの道具を正しく効果的に使えば、掃除の能率もアップします。そこで、掃除道具の使い方学習をおこなってはどうでしょう。道具の使い方にくわしくなれば、学校だけでなく、家の掃除にも役立ちます。

■監修
北見俊則（きたみ としのり）
横浜市立金沢中学校副校長。横浜市学校レクセミナー1期生。仲間たちと「楽しく生き生きとした学校づくり」をめざして、宿泊セミナーを毎月1回、30年間つづけている。

■監修協力
今村俊輔（横浜市立高田小学校教諭）
横浜市学校レクセミナー

■原稿協力
千葉教生（横浜市立藤塚小学校教諭）
高橋美智子（横浜市立西金沢小学校教諭）
平石　愛（横浜市立瀬谷第二小学校教諭）
吉田祥之（横浜市立桜岡小学校教諭）
今村俊輔（横浜市立高田小学校教諭）
山本恵子（横浜市立名瀬小学校教諭）

■編集・制作
有限会社データワールド

■イラスト
有限会社べあ
（あべつせこ、阿部可奈子）

■装丁・デザイン
山田孝之

■編集協力
永山多恵子
土部冴子
山田昌子
金田陽子

みんなが主役！ 学校レクリエーション大百科❶
学級・学校生活を楽しもう

発　行	2013年4月　第1刷 ©
	2019年7月　第3刷
監　修	北見俊則
発行者	千葉 均
編　集	後藤正夫
発行所	株式会社ポプラ社
	〒102-8519
	東京都千代田区麹町4-2-6　8・9F
電　話	03-5877-8109（営業）
	03-5877-8113（編集）
ホームページ	www.poplar.co.jp（ポプラ社）
印刷・製本	瞬報社写真印刷株式会社

ISBN 978-4-591-13300-2
N.D.C.375/47P/29cm
Printed in Japan

落丁・乱丁本は、お取り替えいたします。小社宛にご連絡ください。
電話0120-666-553
受付時間は月〜金曜日、9：00〜17：00（祝日・休日は除く）
本書のコピー、スキャン、デジタル化等の無断複製は著作権法上での例外を除き禁じられています。本書を代行業者等の第三者に依頼してスキャンやデジタル化することは、たとえ個人や家庭内での利用であっても著作権法上認められておりません。
読者の皆さまからのお便りをお待ちしております。いただいたお便りは監修・執筆・制作者へお渡しします。

P7137001

みんなが主役！学校レクリエーション大百科

監修：北見俊則

全5巻

1. **学級・学校生活**を楽しもう
2. **学級集会**で友だちになろう
3. **全校集会**でいっしょに遊ぼう
4. **遠足・宿泊行事**で思い出をつくろう
5. **キャンプファイヤー**でもりあがろう

- ●小学生向け ●各47ページ
- ●N.D.C.375 ●A4変型判
- ●オールカラー
- ●図書館用特別堅牢製本図書

★ポプラ社はチャイルドラインを応援しています★

18さいまでの子どもがかけるでんわ
チャイルドライン®
0120-99-7777

ごご4時～ごご9時 ＊日曜日はお休みです
電話代はかかりません 携帯・PHS OK

18さいまでの子どもがかける子ども専用電話です。
困っているとき、悩んでいるとき、うれしいとき、
なんとなく誰かと話したいとき、かけてみてください。
お説教はしません。ちょっと言いにくいことでも
名前は言わなくてもいいので、安心して話してください。
あなたの気持ちを大切に、どんなことでもいっしょに考えます。